Das Buch

»Die vorliegende Sa[mmlung entstand aus] dem verzeihlichen W[unsch, die Arbeit von] Jahrzehnten einmal zu bündeln. Es steckt eine zweite, eine bemerkenswertere und grundsätzliche Absicht dahinter. Das Buch will die Leser, wenn nicht gar die Schriftsteller an eine Kunstform erinnern, die verschollen ist ... Ist die Neigung, sich an diesen ›sinnreichsten Kleinigkeiten‹, wie Lessing sie genannt hat, an diesen ›witzigsten Spielwerken‹ zu freuen, tatsächlich dahin? Ist die künstlerische Lust, sich in äußerster Zucht, Prägnanz und Kürze auszudrücken, wirklich erloschen? ... Laßt uns den Verlust endlich erkennen, beklagen und wettmachen! Das Epigramm ist tot? Es lebe das Epigramm!« (Erich Kästner, 1950)

Der Autor

Erich Kästner, geboren am 23. Februar 1899 in Dresden, studierte nach dem Ersten Weltkrieg Germanistik, Geschichte und Philosophie. 1925 Promotion. Bereits während der Studienzeit literarische Veröffentlichungen und erste Zeitungsartikel. Anstellung bei der ›Neuen Leipziger Zeitung‹. 1927 Übersiedelung nach Berlin. Neben schriftstellerischer Tätigkeit Theaterkritiker und freier Mitarbeiter bei verschiedenen Zeitungen. Während der Nazizeit Publikationsverbot. Von 1945 bis zu seinem Tode lebte Kästner in München und war dort u. a. Feuilletonchef der ›Neuen Zeitung‹ und Mitarbeiter der Kabarett-Ensembles ›Die Schaubude‹ und ›Die kleine Freiheit‹. Er starb am 29. Juli 1974.

Von Erich Kästner
sind im Deutschen Taschenbuch Verlag erschienen:
Doktor Erich Kästners Lyrische Hausapotheke
(11001)
Bei Durchsicht meiner Bücher (11002)
Herz auf Taille (11003)
Lärm im Spiegel (11004)
Ein Mann gibt Auskunft (11005)
Fabian (11006)
Gesang zwischen den Stühlen (11007)
Drei Männer im Schnee (11008; auch als
dtv großdruck 25048)
Die verschwundene Miniatur (11009; auch als
dtv großdruck 25034)
Der kleine Grenzverkehr (11010)
Der tägliche Kram (11011)
Die kleine Freiheit (11012)
Die 13 Monate (11014)
Die Schule der Diktatoren (11015)
Notabene 45 (11016)

Erich Kästner:
Kurz und bündig
Epigramme

Deutscher
Taschenbuch
Verlag

Ungekürzte Ausgabe
Nach dem Text der ›Gesammelten Schriften‹
(Atrium Verlag, Zürich 1959) unter Hinzuziehung
der Erstausgabe von 1950
Februar 1989
2. Auflage Juni 1991
Deutscher Taschenbuch Verlag GmbH & Co. KG,
München
© 1950 Atrium Verlag, Zürich
ISBN 3-85535-916-4
Umschlaggestaltung: Celestino Piatti
Gesamtherstellung: C. H. Beck'sche Buchdruckerei,
Nördlingen
Printed in Germany · ISBN 3-423-11013-9

Inhalt

Vorwort	9
Präzision	13
Zum Neuen Jahr	14
Kalenderspruch	15
Ganz nebenbei	16
Eine Mutfrage	17
Sokrates zugeeignet	18
Eine Spitzenleistung	19
Trotz allem	20
Eine Feststellung	21
Für die Katz	22
Unsanftes Selbstgespräch	23
Helden in Pantoffeln	24
Definition des Ruhms	25
Von Mord und Totschlag	26
Der Sanftmütige	27
Kleiner Rat für Damokles	28
Über den Nachruhm	29
Das Verhängnis	30
Der schöpferische Irrtum	31
Anonymer Grabstein	32
Folgenschwere Verwechslung	33
In memoriam memoriae	34
Mitleid und Perspektive	35
Damentoast im Obstgarten	36
Lebensbeschreibung einer Maniküre	37

Bescheidene Frage 38
Moral 39
Conditio sine qua non. 40
Die unzufriedene Straßenbahn 41
Übers Verallgemeinern 42
An die Maus in der Falle 43
Der letzte Anzug 44
Über Anthropophagie und Bildungshunger . . . 45
Der Abschied 46
Variante zum ›Abschied‹ 47
Stoßgebet für Heiden mit Mittelschulbildung . . 48
Was auch geschieht. 49
Janusköpfe 50
Die Spiegelfechter 51
Deutsche Gedenktafel 1938 52
Als die Synagogen brannten. 53
Abendgebet 1943 54
Deutschland 1948 55
Notwendige Antwort auf überflüssige Fragen . 56
Inschrift auf einem sächsisch-preußischen
        Grenzstein 57
Physikalische Geschichtsbetrachtung 58
Stimme von der Galerie. 59
Soll und Haben 1950. 60
Trost 61
Die Grenzen des Millionärs 62
Zusammenhänge 63
Reden ist Silber 64
Konstellationen 65
Inschrift an einer Kirchhofstür 66
Es läuten die Glocken 67
Seltsame Begegnung 68
Jung gewohnt, alt getan 69

Niedere Mathematik	70
Der Mensch ist sein eigenes Gefängnis	71
Ernster Herr im Frühling	72
Herbstliche Anekdote	73
Der Gegenwart ins Gästebuch	74
Grabrede für einen Idealisten	75
Der Bahnhofsvierzeiler	76
Sich selbst zum 40. Geburtstag	77
Doppelter Saldo	78
Elegie conditionalis	79
Der Streber	80
Sport anno 1960	81
Wenn	82
Moderne Kunstausstellung	83
Aggregatzustände	84
Das Genie	85
Über gewisse Schriftsteller	86
Die leichte Muse	87
Der Humor	88
Die Wirklichkeit als Stoff	89
Der Selbstwert des Tragischen	90
Happy end, d. h. Ende gut	91
Begegnung auf einer Parkbank	92
Aufforderung zur Bescheidenheit	93
Die junge Dame vorm Sarggeschäft	94
Kurze Charakteristik	95
Albumvers	96
Nur Geduld	97
Fachmännische Konsequenz	98
Gehupft wie gesprungen	99
Der Zweck und die Mittel	100
Die Grenzen der Aufklärung	101
Einmal etwas Musikalisches	102

Mut zur Trauer	103
Die kopflose Stecknadel	104
Nietzsche	105
Über die Ursachen der Geschichte	106
Auch eine Auskunft	107
Es hilft nicht schönzufärben	108
Für Stammbuch und Stammtisch	109
Die Bäume	110
Die zwei Gebote	111
Kopernikanische Charaktere gesucht	112

Vorwort

Obwohl, dem Sprichwort entgegen, das Geld nicht auf der Straße liegt, gibt es Menschen, die's finden. Sie kommen des Wegs, gucken in die Luft, bücken sich plötzlich und haben ein Geldstück in der Hand. Martial mit seinen zwölfhundert Epigrammen war so ein Mann. Zwölfhundert epigrammträchtige Einfälle fand er auf seiner Lebensstraße. Die schmutzigen Münzen rieb er blank. Den fahlen Goldstaub schmolz er ein. Die unscheinbaren Edelsteine schliff er zu Juwelen. Und noch die Quarz- und Glimmerstücke traktierte er, bis man sie für Diamanten hielt. Er fand, auch wenn er nicht suchte.

Im Einfall liegt das Geheimnis, in der Prägung steckt die Kunst des Epigramms, und viel mehr wäre über den Spruch, diese kürzeste Gedichtgattung, kaum zu sagen. Allenfalls noch, daß sie dem Inschriftenkult auf Denkmälern ihr Entstehen verdankt und daß sie sich später, nicht zuletzt durch Martial, »vom Denkmal fort und zum Denkzettel hin« entwickelte, wie ein neuerer Kunstrichter die Wandlung vom Heroischen zum Satirischen bezeichnet hat. Schließlich ließe sich anmerken, daß jedes echte Epigramm, der Poetik gemäß, zwei Regeln erfüllen muß: Es soll »Erwartung« wecken und pointierend »Aufschluß« geben. So hat es Lessing

9

formuliert, und er hat es noch den größten Meistern schwer angekreidet, wenn und sooft sie das Gesetz übertreten hatten. Das war keine Beckmesserei. Dieses Gesetz ist keine Spitzfindigkeit der Philologen, sondern es wohnt dem Epigramm inne.

Erwartung und Aufschluß? Ein beliebiges Beispiel mag die Doppelregel veranschaulichen, und zwar ein Vierzeiler, dessen Verfasser wohl kaum in den Verdacht geraten wird, Scaligers, Boileaus, Batteux', Lessings und Herders Theorien über das Epigramm studiert zu haben. Der Vierzeiler steht, in ungelenken Lettern, auf einem Tiroler Marterl und ist dem Andenken an einen tödlich verunglückten Holzknecht gewidmet.

> »Es ist nicht weit
> zur Ewigkeit«

lautet die gewagte, Erwartung weckende Behauptung. Und die dem verweilenden Wanderer Aufschluß erteilenden, wahrhaftig überraschenden Beweiszeilen:

> »Um acht ging Martin fort,
> um zehn Uhr war er dort.«

Von Meleager und Martial bis zu Martins Marterl – das Gesetz wird von allen respektiert, auch von denen, die es gar nicht kennen. Ausnahmen bestätigen auch auf diesem Gebiet die Regel.

Die vorliegende Sammlung entstammt nicht nur dem verzeihlichen Wunsche, Epigramme aus zwei

Jahrzehnten einmal zu bündeln. Es steckt eine zweite, eine bemerkenswertere und grundsätzliche Absicht dahinter: Das kleine Buch will die Leser, wenn nicht gar die Schriftsteller an eine Kunstform erinnern, die verschollen ist. Sein Zweck wäre erreicht, wenn es das Bedürfnis belebte, die alten Epigramme wieder zu lesen, und die Lust, neue zu schreiben. Im Schatzhaus unserer Literatur birgt das Gewölbe mit den Epigrammen, diesen kunstvoll geschnittenen Gemmen und vollendet geschliffenen Edelsteinen der Dichtung, unschätzbare Werte. Man darf sie besichtigen und besichtigt sie nicht. Sie sind wundervoll wie Miniaturen und werden nicht bewundert. Ist die Neigung, sich an diesen »sinnreichsten Kleinigkeiten«, wie Lessing sie genannt hat, an diesen »witzigsten Spielwerken« zu freuen, tatsächlich dahin? Ist die künstlerische Lust, sich in äußerster Zucht, Prägnanz und Kürze auszudrücken, wirklich erloschen? Und das zu einer Zeit, da denen, die lesen, und denen, die schreiben, Zucht und Prägnanz nötiger wären denn je?

Daß ein Schiff eines Tages in seinen Hafen nicht zurückkehrt, ist schmerzlich, doch ein solcher Verlust gehört ins Kalkül. Was aber wäre von den Leuten daheim, insonderheit von den Schiffseignern, zu halten, die den Verlust überhaupt nicht bemerkten? Auf diese absurde Frage gibt es keine befriedigende Antwort. Wohl aber gibt es einen vortrefflichen Ausweg! Laßt uns den Verlust endlich erkennen, beklagen und wettmachen! Das Epigramm ist tot? Es lebe das Epigramm!

Präzision

Wer was zu sagen hat,
hat keine Eile.
Er läßt sich Zeit und sagt's
in einer Zeile.

Zum Neuen Jahr

»Wird's besser? Wird's schlimmer?«
fragt man alljährlich.
Seien wir ehrlich:
Leben ist immer
lebensgefährlich.

Kalenderspruch

Vergiß in keinem Falle,
auch dann nicht, wenn vieles mißlingt:
Die Gescheiten werden nicht alle!
(So unwahrscheinlich das klingt.)

Ganz nebenbei
oder Das Derivat des Fortschritts

Indes sie forschten, röntgten, filmten, funkten,
entstand von selbst die köstlichste Erfindung:
der Umweg als die kürzeste Verbindung
zwischen zwei Punkten.

Eine Mutfrage

Wer wagt es,
sich den donnernden Zügen entgegenzustellen?
Die kleinen Blumen
zwischen den Eisenbahnschwellen!

Sokrates zugeeignet

Es ist schon so: Die Fragen sind es,
aus denen das, was bleibt, entsteht.
Denkt an die Frage jenes Kindes:
»Was tut der Wind, wenn er nicht weht?«

Eine Spitzenleistung
oder L'éducation fatale

»Es war nicht leicht!«
sagte die Uhr
zu dem Interviewer.
»Und ich hab es nur
im zähen Kampf gegen meine Natur
schließlich erreicht:
Sie sehen in mir, wenn's beliebt,
die schnellste Uhr, die es gibt!«

Trotz allem

Ein Elefant im Porzellangeschäfte
nimmt sich trotz allem doch noch besser aus
als eine alte Meißner Tasse
im Elefantenhaus.

Eine Feststellung

Wir haben's schwer.
Denn wir wissen nur ungefähr,
woher,
jedoch die Frommen
wissen gar, wohin wir kommen!

Wer glaubt, weiß mehr.

Für die Katz

Wenn der Hufschmied den Gaul beschlägt,
wenn sich der Truthahn im Traum bewegt,
wenn die Mutter das Essen aufträgt,
wenn der Großvater Brennholz sägt,
wenn der Wind um die Ecke fegt,
wenn sich im Schober das Liebespaar regt,
wenn das Fräulein die Wäsche legt –
stets meint die Katze, man wollt' mit ihr spielen!

Wie der Katze geht's vielen.

Unsanftes Selbstgespräch

Merk dir, du Schaf,
weil es immer gilt:
Der Fotograf
ist nie auf dem Bild.

Helden in Pantoffeln

Auch der tapferste Mann, den es gibt,
schaut mal unters Bett.
Auch die nobelste Frau, die man liebt,
muß mal aufs Klosett.

Wer anläßlich dieser Erklärung
behauptet, das sei Infamie,
der verwechselt Heldenverehrung
mit Mangel an Phantasie.

Definition des Ruhms
Aus dem Französischen

Worin besteht der Ruhm auf Erden,
der die Wenigen von den Vielen trennt?
Von lauter Leuten gekannt zu werden,
die man selber gar nicht kennt.

Von Mord und Totschlag

Denkt ans fünfte Gebot:
Schlagt eure Zeit nicht tot!

Der Sanftmütige

Ich mag nicht länger drüber schweigen,
weil ihr es immer noch nicht wißt:
Es hat keinen Sinn, mir die Zähne zu zeigen.
Ich bin gar kein Dentist!

Kleiner Rat für Damokles

Schau prüfend deckenwärts!
Die Nähe des möglichen Schadens
liegt nicht in der Schärfe des Schwerts,
vielmehr in der Dünne des Fadens.

Über den Nachruhm
oder Der Gordische Knoten

Den unlösbaren Knoten zu zersäbeln,
gehörte zu dem Pensum Alexanders.
Und wie hieß jener, der den Knoten knüpfte?
Den kennt kein Mensch.

(Doch sicher war es jemand anders.)

Das Verhängnis

Das ist das Verhängnis:
Zwischen Empfängnis
und Leichenbegängnis
nichts als Bedrängnis.

Der schöpferische Irrtum

Irrtümer haben ihren Wert;
jedoch nur hie und da.
Nicht jeder, der nach Indien fährt,
entdeckt Amerika.

Anonymer Grabstein

Obwohl man seine Taten staunend pries,
ist diese Inschrift keine Huldigung,
und wir verschweigen gnädig, wie er hieß.
Denn für das alles, was er *unterließ*,
gibt's keinerlei Entschuldigung.

Folgenschwere Verwechslung

Der Hinz und der Kunz
sind rechte Toren:
Lauschen offenen Munds,
statt mit offenen Ohren!

In memoriam memoriae

Die Erinn'rung ist eine mysteriöse
Macht und bildet die Menschen um.
Wer das, was schön war, vergißt, wird böse.
Wer das, was schlimm war, vergißt, wird dumm.

Mitleid und Perspektive
oder Die Ansichten eines Baumes

Hier, wo ich stehe, sind wir Bäume,
die Straße und die Zwischenräume
so unvergleichlich groß und breit.
Mein Gott, mir tun die kleinen Bäume
am Ende der Allee entsetzlich leid!

Damentoast im Obstgarten

Casanova sprach lächelnd zu seinen Gästen:
»Mit den Frauen ist es,
ich hoffe, ihr wißt es,
wie mit den Äpfeln rings an den Ästen.
Die schönsten schmecken nicht immer am besten.«

Lebensbeschreibung einer Maniküre
Heinrich Heine gewidmet

Sie war eins der reizendsten Dinger
und gar keine Dame von Stand.
Man gab ihr den kleinen Finger,
und sie nahm die ganze Hand.

Bescheidene Frage

Ist der Mensch nicht eine Plage?
Und erst recht, wenn man ihn liebt?
Gott, verzeih mir diese Frage!
Tu's auch, wenn es Dich nicht gibt.

Moral

Es gibt nichts Gutes
außer: Man tut es.

Conditio sine qua non

Seufzend schreibt ihr der Poet:
»Bist du heute guter Dinge?
Wenn ich wüßte, wie's dir ginge,
wüßte ich, wie mir es geht.«

Die unzufriedene Straßenbahn

Sie haßte die gewohnte Strecke,
sprang aus dem Schienenstrang heraus
und wollte endlich einmal gradeaus,
statt um die Ecke.

Ein Unglück gab's. Und keine Reise.
Erinnert euch, bis ihr es wißt:
Wenn man als Straßenbahn geboren ist,
dann braucht man Gleise.

Übers Verallgemeinern

Niemals richtig.
Immer wichtig.

An die Maus in der Falle
oder Freiheit und Christentum

Du rennst im Kreis und suchst ein Loch?
Du rennst umsonst! Begreif es doch!
Besinn dich!
Ein einz'ger Ausweg bleibt dir noch:
Geh *in* dich!

Der letzte Anzug
Aus den ›Lehrsätzen des armen Mannes‹

Sie mögen noch so viel Worte verschwenden,
ja, wenn sie die seltsamsten Mittel erfänden –
mein Anzug läßt sich nur einmal wenden.

Über Anthropophagie und Bildungshunger

Was weiß man schon über Menschenfresser?
Fressen sie Menschen, wie sich's gehört, mit
Gabel und Messer?
Schmeckt ihnen ein dicker, asthmatisch
gewesener Bäcker besser
als ein dünner, schmalfingriger König?

Man weiß so wenig ...

Der Abschied

Nun ich mich ganz von euch löse,
hört meinen Epilog:
Freunde, seid mir nicht böse,
daß ich mich selber erzog!

Wer sich strebend verwandelt,
restlos und ganz und gar,
hat unselig gehandelt,
wenn er nicht wird, was er war!

Variante zum ›Abschied‹

Ein Mensch, der Ideale hat,
der hüte sich, sie zu erreichen.
Sonst wird er eines Tages statt
sich selber andren Menschen gleichen.

Stoßgebet für Heiden mit Mittelschulbildung

Amen?
Tamen!

Was auch geschieht

Was auch immer geschieht:
Nie dürft ihr so tief sinken,
von dem Kakao, durch den man euch zieht,
auch noch zu trinken!

Janusköpfe
oder Der Unterschied zwischen Seltenheit und Rarität

Wer sich für einen Janus hält,
oder für sonst eins unter den seltnen Geschöpfen,
täuscht meist die andern, irrt meist sich selber.
Es gibt auch Kälber
mit zwei Köpfen.

Die Spiegelfechter

Manches kann euch nie gehören,
weil es Edleren gehört.
Und ihr zieht das Schwert und schwört,
deren Habe zu zerstören.

Gott hat Glück. Ihr übertreibt.
Fechtet wild und immer wilder, –
ihr zerbrecht nur Spiegelbilder!
Was gespiegelt wurde, bleibt.

Deutsche Gedenktafel 1938

Hier starb einer, welcher an die Menschheit glaubte.
Er war dümmer, als die Polizei erlaubte.

Als die Synagogen brannten

Der junge SA-Mann:
Wo steckt Jehova nun, der nie verzeiht?
Ist er, Adresse unbekannt, verzogen?

Der alte Jude:
Gibt's einen Gott, gibt's auch Gerechtigkeit.
Wenn's keinen gibt, was braucht es Synagogen?

Abendgebet 1943

Wir hocken in modernen Katakomben.
(Schon wieder Krieg, und noch nicht mein
     Geschmack!)
Behüt uns, Herr, vor allen fremden Bomben
und, wenn du kannst, auch vor der eignen Flak.

Deutschland 1948
Adresse an die Großmächte

Man kann ganz ruhig drüber sprechen:
Auch wenn ihr die Kausalitäten verehrt
und wenn ihr der krassen Gerechtigkeit huldigt, –
neue Dummheiten werden durch alte Verbrechen
höchstens erklärt,
bestimmt nicht entschuldigt.

Notwendige Antwort auf überflüssige Fragen

Ich bin ein Deutscher aus Dresden in Sachsen.
Mich läßt die Heimat nicht fort.
Ich bin wie ein Baum, der – in Deutschland
     gewachsen –
wenn's sein muß, in Deutschland verdorrt.

Inschrift auf einem sächsisch-preußischen
   Grenzstein

Wer hier vorübergeht, verweile!
Hier läuft ein unsichtbarer Wall.
Deutschland zerfällt in viele Teile.
Das Substantivum heißt: Zerfall.

Was wir hier stehngelassen haben,
das ist ein Grabstein, daß ihr's wißt!
Hier liegt ein Teil des Hunds begraben,
auf den ein Volk gekommen ist.

Physikalische Geschichtsbetrachtung

Dem ehernen Gesetz des Falles
gehorcht auf Erden alles.
(Alles!)

Stimme von der Galerie

Die Welt ist ein Theaterstück.
Spielt eure Rollen gut! Ihr spielt ums Leben.
Seid Freund! Seid Feind! Habt Macht! Habt Glück!
Ich spiel nicht mit. In jedem Stück
muß es auch Menschen, die bloß zuschaun, geben.

Und wenn das Stück mißfällt, so laßt mich
    schließen,
ist das noch längst kein Grund, aufs Publikum zu
    schießen.

Soll und Haben 1950

Genarrt, enttäuscht und unverfroren
und mit dem Sterben sehr intim,
habt ihr, mitsamt der Furcht vor ihm,
die Ehrfurcht vor dem Tod verloren.

Trost

Stirb nicht im Grimm!
Sage dir immer:
Zu früh sterben ist schlimm, –
zu spät geboren werden ist schlimmer.

Die Grenzen des Millionärs
Aus den ›Lehrsätzen des armen Mannes‹

Er könnt' aus purer Lust am Prassen
sich gold'ne Beefsteaks braten lassen!
Jedoch er sollt'
eins nicht vergessen:
Beefsteaks aus Gold
kann man nicht essen.

Zusammenhänge

Der eine möchte nicht sehen,
was der andre nicht sieht.
Alles könnte geschehen.
Aber nur manches geschieht.

Reden ist Silber

Lernt, daß man still sein soll,
wenn man im Herzen Groll hat.
Man nimmt den Mund nicht voll,
wenn man die Schnauze voll hat.

Konstellationen

Er wußte stets von Glück zu sagen.
Sogar als er sein Bein verlor.
Ihn überfuhr ein Krankenwagen
an einem offnen Friedhofstor.

Inschrift an einer Kirchhofstür

Wer diesem kleinen Schild Beachtung schenkt,
der möge auch das Folgende beachten:
Hier liegen viele, die nicht daran dachten,
daß man viel früher hier liegt, als man denkt.

Es läuten die Glocken

Wenn im Turm die Glocken läuten,
kann das viererlei bedeuten.
Erstens: daß ein Festtag ist.
Dann: daß du geboren bist.
Drittens: daß dich jemand liebt.
Viertens: daß dich's nicht mehr gibt.
Kurz und gut, das Glockenläuten
hat nur wenig zu bedeuten.

Seltsame Begegnung

Sonst ist einer der Herr Doktor
und ein andrer der Klient.
Wer sich selbst erzieht, ist beides:
Selber Arzt und selbst Patient.

Jung gewohnt, alt getan

Als Kinder spielten wir ein Spiel,
das hieß . . .
Ich weiß nicht, wie es heute heißt . . .
Es hieß:
»Ich weiß etwas, was du nicht weißt!«
Man altert. Doch sonst ändert sich nicht viel.

Niedere Mathematik

Ist die Bosheit häufiger
oder die Dummheit geläufiger?

Mir sagte ein Kenner
menschlicher Fehler
folgenden Spruch:
»Das eine ist ein Zähler,
das andere Nenner,
das Ganze – ein Bruch!«

Der Mensch ist sein eigenes Gefängnis

Nachts manchmal, wenn er am Fenster lehnte
und die ungezählten Sterne sah,
kam es vor, daß er sich sinnlos sehnte
und die Arme hob und sehnend dehnte:

Und dann stand er wie gekreuzigt da.

Ernster Herr im Frühling

Als wär er ein dickes Kind,
tolpatscht der Frühlingswind
mit Grübchenfingern in dein Gesicht!
Er strampelt vor Übermut!
Er zupft dich kichernd am Hut!

Du aber magst kleine Kinder nicht.

Herbstliche Anekdote

Als der Alte von einem Begräbnis kam,
blieb er am Tor des Friedhofs stehen
und sagte zögernd zu seinem Sohn:
»Eigentlich lohnt sich's für mich gar nicht,
erst wieder nach Hause zu gehen ...

Der Gegenwart ins Gästebuch

Ein guter Mensch zu sein, gilt hierzulande
als Dummheit, wenn nicht gar als Schande.

Grabrede für einen Idealisten

Bevor man stirbt, hat man gelebt.
Der Mann nun, den man hier begräbt,
lebte höchst sonderbar.

Er litt aus Mitleid, wenn er litt,
und stritt für andre, wenn er stritt,
auf eigene Gefahr.

Und hatte, trauernde Gemeinde,
ganz einfach deshalb lauter Feinde,
weil er ein Freund der Menschen war.

Der Bahnhofsvierzeiler

Jeden Abend stand er an der Sperre,
ein armer, alter, gebeugter Mann.
Er hoffte, daß einmal Gott ankäme!
Es kamen immer nur Menschen an.

Sich selbst zum 40. Geburtstag

Du weißt, mein Bester, daß ich nichts beschönige.
Deshalb vergiß nicht, was man sehr leicht vergißt:
Doppelt so alt wie du heute geworden bist,
werden nur wenige.

Doppelter Saldo
Aus den ›Lehrsätzen des armen Mannes‹

Die einen, die immer Geld verdienen,
haben zum Ausgeben niemals Zeit.
Und wir sagen im Chor zu ihnen:
Es gibt eben keine Gerechtigkeit.

Die andern, die niemals Geld verdienen,
haben zum Ausgeben immer Zeit.
Und wir sagen im Chor zu ihnen:
Es gibt eben keine Gerechtigkeit.

Elegie conditionalis

Wenn nur das Vergängliche verginge,
nur das Sterbliche und das Geringe,
nur der Kummer, der uns quält,
nur die Liebe, die uns fehlt,
nur der Mensch, das Millimetermaß der Dinge, –
wenn nur das Vergängliche verginge,
bliebe das zurück, was zählt.
Aber ...

Der Streber

Vom frühen bis ins späte Alter,
mit Mordsgeduld und Schenkelschluß,
rankt er sich hoch am Federhalter
und klettert, weil er sonst nichts muß.
Die Ahnen kletterten im Urwald.
Er ist der Affe im Kulturwald.

Sport anno 1960

Meldungen vom Wettlauf durch die Lübecker
     Schweiz:
»Die Läufer trainieren täglich zehn Stunden.
Sie brauchen für 100 Meter zirka minus 14
     Sekunden.
Die Spitzengruppe ist heute morgen bereits
im Jahre 1920 verschwunden!«

Wenn ...
Aus den ›Lehrsätzen des armen Mannes‹

Wenn so ein Kerl Vermögen hätte,
er ließe selbst die Streichquartette,
soweit sie seinem Ohr gefielen,
von hundert Mann Orchester spielen.

Moderne Kunstausstellung

Die Leute stehen in Sälen herum.
Sie finden das ungewöhnlich?
Es ist ja gar kein Publikum!
Es sind die Maler persönlich.

Aggregatzustände

Junge Dichter
sind strenge Richter.
Später sind sie dann mitleidiger
und werden Verteidiger.

Das Genie

Der Mensch, der in die Zukunft springt,
Der geht zugrunde.
Und ob der Sprung mißglückt, ob er gelingt,
der Mensch, der springt,
geht vor die Hunde.

Über gewisse Schriftsteller

Sie fahren das Erlebte und Erlernte
nicht in die Scheuern ein und nicht zur Mühle.
Sie zeigen ihre Felder statt der Ernte,
die noch am Halme wogenden Gefühle,
und sagen zu den Lesern stolz und fest:
»Das wär's – nun freßt!«

Die leichte Muse
Aus der großdeutschen Kunstlehre

Die leichte Kunst
ist seichte Kunst.
Die feine Kunst
ist keine Kunst.

Der Humor
Aus der großdeutschen Kunstlehre

Der Humor ist der Regenschirm der Weisen
und insofern unsoldatisch.
Daß wir ihn trotzdem öffentlich preisen,
scheint problematisch.
In praxi ist's gleichgültig, was wir meinen.

Denn wir haben ja keinen.

Die Wirklichkeit als Stoff
Aus der großdeutschen Kunstlehre

Die Zeit zu schildern, ist eure heilige Pflicht.
Erzählt die Taten! Beschreibt die Gesinnungen!
Nur, kränkt die Schornsteinfeger nicht!
Und kränkt die Jäger und Briefträger nicht!
Und kränkt die Neger, Schwäger, Krankenpfleger
und Totschläger nicht!

Sonst beschweren sich die Innungen.

Der Selbstwert des Tragischen
Aus der großdeutschen Kunstlehre

Es schwimmt der Held im eignen Blut?
Ende schlimm – alles gut!

Happy end, d. h. Ende gut
Aus der großdeutschen Kunstlehre

Wenn zwei zum Schluß sich kriegen, sprecht:
Ende gut – alles schlecht!

Begegnung auf einer Parkbank

Ein bezaubernd buntes Pfauenauge
setzte sich, damit es Honig sauge,
auf Herrn Lehmanns Feiertagskrawatte,
die ein schönes Blumenmuster hatte.

Selbst Krawattenseide, schwer wie diese,
ist noch lange keine Honigwiese!
Als der Schmetterling verdutzt entschwebte,
lachte Lehmann, daß die Weste bebte.

Aufforderung zur Bescheidenheit

Wie nun mal die Dinge liegen
und auch wenn es uns mißfällt:
Menschen sind wie Eintagsfliegen
an den Fenstern dieser Welt.

Unterschiede sind fast keine,
und was wär auch schon dabei!
Nur, die Fliege hat sechs Beine,
und der Mensch hat höchstens zwei.

Die junge Dame vorm Sarggeschäft

Täglich seh ich sie dort stehenbleiben
und gebannt in jene Scheiben starren,
hinter denen, unser Tun und Treiben
nicht beachtend, Särge auf uns harren.

Täglich seh ich, wie ihr Auge blitzt,
wenn sie in das Fenster blickt.
Was stimmt sie heiter?
Ach, sie prüft nur, ob ihr Hütchen sitzt.
Nichts weiter.

Kurze Charakteristik

Einer von den Dutzendköpfen
saß auf ihrem Körper drauf.
Und ihr Kleid war vorn zu knöpfen,
sowohl zu, als auf.

Albumvers

Die Hühner fühlten sich plötzlich verpflichtet,
statt Eiern Apfeltörtchen zu legen.
Die Sache zerschlug sich. Und zwar weswegen?
Das Huhn ist auf Eier eingerichtet!

(So wurde schon manche Idee vernichtet.)

Nur Geduld

Das Leben, das die meisten führen,
zeigt ihnen, bis sie's klar erkennen:
Man kann sich auch an offnen Türen
den Kopf einrennen.

Fachmännische Konsequenz

Cogito, ergo sum?
Mag sein! Doch die meisten sind dumm!
Drum
lautet des Fachmanns Befund:
Non cogitant, ergo non sunt!

Gehupft wie gesprungen
Aus den ›Lehrsätzen des armen Mannes‹

Ob vom Kölner Dom, ob vom Zirkuszelt,
ob vom Dach einer Dampfwäscherei –
für den Arbeiter, der herunterfällt,
ist das völlig einerlei.

Der Zweck und die Mittel
oder Religion als Politik und Politik als Religion

Der Zweck, sagt ihr, heiligt die Mittel?
Das Dogma heiligt den Büttel?
Den Galgen? Den Kerkerkittel?
O schwarzumflortes Kapitel!

Fest steht trotz Schrecken und Schreck:
Die Mittel entheiligen den Zweck!

Die Grenzen der Aufklärung

Ob Sonnenschein, ob Sterngefunkel:
Im Tunnel bleibt es immer dunkel.

Einmal etwas Musikalisches

Geschehen und Geschichte sind asynchron.
Das ist gar nicht schwer zu beweisen.
Und:
Fis und Ges sind derselbe Ton,
obwohl sie verschieden heißen.

Mut zur Trauer

Sei traurig, wenn du traurig bist,
und steh nicht stets vor deiner Seele Posten!
Den Kopf, der dir ans Herz gewachsen ist,
wird's schon nicht kosten.

Die kopflose Stecknadel

Köpfe abschlagen ist nicht sehr klug.
Die Stecknadel, der man den Kopf abschlug,
fand, der Kopf sei völlig entbehrlich,
und war nun vorn und hinten gefährlich.

Nietzsche
Sein Porträt

Keiner vor ihm, noch hinterher
warf je sein hüstelndes Gehirn
so stolz in die Brust wie er.
Zur Hälfte Schnurrbart, zur Hälfte Stirn –
er hatte es schwer.

Über die Ursachen der Geschichte

Wenn Klio, die Muse, sich schlafen legt,
umwölken sie Traumgesichte.
Und daß sie die Glieder träumend bewegt,
bewirkt Geschichte.

Doch was Klio träumt und was wirklich geschieht,
verhält sich, nach grauem Gesetz,
wie ihr zuckender Arm, wie ihr flatterndes Lid
zum Knarren ihres Betts.

Auch eine Auskunft

Ein Mann, von dem ich wissen wollte,
warum die Menschen einander betrügen,
sprach: »Wenn ich die Wahrheit sagen sollte,
müßt' ich lügen.«

Es hilft nicht schönzufärben

Sollen die Kinder erben,
müssen die Eltern sterben.

Für Stammbuch und Stammtisch

Freunde, nur Mut!
Lächelt und sprecht:
»Die Menschen sind gut,
bloß die Leute sind schlecht.«

Die Bäume

Wir sitzen nicht auf Thronen.
Uns schmeichelt nur der Wind.
Wir haben dennoch Kronen,
die schöner als eure sind.

Die zwei Gebote

Liebe das Leben, und denk an den Tod!
Tritt, wenn die Stunde da ist, stolz beiseite.
Einmal leben zu müssen,
heißt unser erstes Gebot.
Nur einmal leben zu dürfen,
lautet das zweite.

Kopernikanische Charaktere gesucht

Wenn der Mensch aufrichtig bedächte:
daß sich die Erde atemlos dreht;
daß er die Tage, daß er die Nächte
auf einer tanzenden Kugel steht;
daß er die Hälfte des Lebens gar
mit dem Kopf nach unten im Weltall hängt,
indes sich der Globus, berechenbar,
in den ewigen Reigen der Sterne mengt, –

wenn das der Mensch von Herzen bedächte,
dann würd' er so, wie Kästner werden möchte.

Bücher
von Erich Kästner

Bei Durchsicht meiner Bücher
Doktor Erich Kästners
lyrische Hausapotheke
Drei Männer im Schnee
Die dreizehn Monate
Fabian
Gesang zwischen den Stühlen
Herz auf Taille
Die kleine Freiheit
Der kleine Grenzverkehr
Kurz und bündig
Lärm im Spiegel
Ein Mann gibt Auskunft
Notabene 45
Die Schule der Diktatoren
Der tägliche Kram
Die verschwundene Miniatur

Gemischte Gefühle
Kästner für Erwachsene
Kästner für Kinder

ATRIUM VERLAG
ZÜRICH

Erich Kästner
im dtv

Foto: Süddeutscher Verlag

Doktor Erich Kästers
Lyrische Hausapotheke
dtv 11001

Bei Durchsicht meiner Bücher
Gedichte · dtv 11002

Herz auf Taille · Gedichte
dtv 11003

Lärm im Spiegel · Gedichte
dtv 11004

Ein Mann gibt Auskunft
»Linke Melancholie« nannte
Walter Benjamin diese Verse.
dtv 11005

Fabian
Die Geschichte eines Moralisten
Berlin 1930. Ein arbeitsloser
Reklamefachmann erlebt den
Niedergang der Republik.
dtv 11006

Gesang zwischen den Stühlen
Gedichte · dtv 11007

Drei Männer im Schnee
Ein vergnügliches »Märchen für
Erwachsene«, das durch seine
Verfilmung weltberühmt wurde.
dtv 11008

Die verschwundene Miniatur
Die nicht ganz ernstgemeinte
Kriminalgeschichte um einen
Schlachtermeister im Urlaub.
dtv 11009

Der kleine Grenzverkehr
Die Salzburger Festspiele lieferten
den Stoff für diese heitere Liebesgeschichte · dtv 11010

Der tägliche Kram
Chansons und Prosa 1945 – 1948
dtv 11011

Die kleine Freiheit
Chansons und Prosa 1949 – 1952
dtv 11012

Kurz und bündig · Epigramme
dtv 11013

Die 13 Monate · Gedichte
dtv 11014

Die Schule der Diktatoren
Eine Komödie
dtv 11015 (August 1991)

Notabene 45 · Ein Tagebuch
dtv 11016

Marlen Haushofer im dtv

Foto: Peter J. Kahrl, Etscheid

Begegnung mit dem Fremden

Siebenundzwanzig zwischen 1947 und 1958 entstandene Erzählungen. dtv 11205

Die Frau mit den interessanten Träumen

Zwanzig Kurzgeschichten aus dem Frühwerk der großen österreichischen Erzählerin. dtv 11206

Bartls Abenteuer

Kaum stubenrein, wird der kleine Kater Bartl von der Mutter getrennt und muß sich in seinem neuen Zuhause einrichten. Zögernd beginnt er die Welt zu erkunden, besteht Abenteuer und Gefahren, erleidet Niederlagen und feiert Triumphe, wird der Held der Katzenwelt und in der Familie die »Hauptperson«.
dtv 11235 / dtv großdruck 25054

Wir töten Stella
und andere Erzählungen

»Marlen Haushofer schreibt über die abgeschatteten Seiten unseres Ichs, aber sie tut es ohne Anklage, Schadenfreude und Moralisierung.« (Hessische Allgemeine) dtv 11293

Schreckliche Treue. Erzählungen

»...Sie beschreibt nicht nur Frauenschicksale im Sinne des heutigen Feminismus, sie nimmt sich auch der oft übersehenen Emanzipation der Männer an...« (Geno Hartlaub) dtv 11294

Die Tapetentür

Eine berufstätige junge Frau lebt allein in der Großstadt. Sie hat einige Affären, deren immer gleicher Ablauf sie langweilt. Die Distanz zur Umwelt wächst, begleitet von einem Gefühl der Leere und Verlorenheit. Als sie sich leidenschaftlich in einen Mann verliebt, schwanger wird und auch heiratet, scheint die Flucht in ein »normales« Leben gelungen... dtv 11361

Die Wand

Eine Frau wacht eines Morgens in einer Hütte in den Bergen auf und findet sich, allein mit ein paar Tieren, in einem Stück Natur eingeschlossen von einer unüberwindbaren gläsernen Wand, hinter der offenbar keine Menschheit mehr existiert. Aber sie will und kann weiterleben. Dieser Roman ist Marlen Haushofers Hauptwerk.
dtv 11403 (Juli 1991)

Irmgard Keun
im dtv

Foto: Isolde Ohlbaum

Das kunstseidene Mädchen

Doris will weg aus der Provinz, die große Welt erobern. In Berlin stürzt sie sich in das Leben der Tanzhallen, Bars und Literatencafes – und bleibt doch allein. dtv 11033

Das Mädchen, mit dem die Kinder nicht verkehren durften

Von den Streichen und Abenteuern eines Mädchens, das nicht bereit ist, die Welt einfach so zu akzeptieren, wie sie angeblich ist. dtv 11034

Gilgi – eine von uns

Gilgi ist einundzwanzig und hat einiges satt: die Bevormundung durch ihre (Pflege-)Eltern, die »sich ehrbar bis zur silbernen Hochzeit durchgelangweilt« haben, die »barock-merkantile« Zudringlichkeit ihres Chefs und den Büroalltag sowieso. Da trifft es sich gut, daß sie sich in Martin verliebt. Doch als sie bei ihm eingezogen ist, kommen Gilgi Zweifel ... dtv 11050

Nach Mitternacht

Deutschland in den dreißiger Jahren. Ein Konkurrent hat Susannes Freund Franz denunziert. Als er aus der »Schutzhaft« entlassen wird, rächt er sich bitter, und Susanne muß sich entscheiden ... dtv 11118

Kind aller Länder

Die zehnjährige Kully und ihre Eltern verlassen Deutschland, weil der Vater als Schriftsteller bei den Nazis unerwünscht ist. Es beginnt eine Odyssee durch Europa und Amerika ... dtv 11156

D-Zug dritter Klasse

In der Zeit des Nationalsozialismus treffen in einem Zug von Berlin nach Paris zufällig sieben Menschen aus unterschiedlichsten Gesellschaftsschichten und mit unterschiedlichsten Reisemotiven zusammen ... dtv 11176

Ferdinand, der Mann mit dem freundlichen Herzen

Ferdinand ist ein Mann unserer Tage, eine provisorische Existenz, wie wir es ja mehr oder weniger alle sind. Es geht ihm nicht gut, aber es gelingt ihm, meistens heiter zu sein, das Beste aus seinem Leben zu machen. dtv 11220

Ich lebe in einem wilden Wirbel
Briefe an Arnold Strauss
1933 bis 1947
dtv 11229

Herbert Rosendorfer im dtv

Das Zwergenschloß
und sieben andere Erzählungen
dtv 10310

Vorstadt-Miniaturen
Hintergründig-groteske Alltagsszenen. dtv 10354

Briefe in die chinesische Vergangenheit
Ein chinesischer Mandarin aus dem 10. Jahrhundert gelangt mittels einer Zeitmaschine in das heutige München.
dtv 10541 / dtv großdruck 25044

Foto: Isolde Ohlbaum

Stephanie
und das vorige Leben
Eine fesselnde Geschichte auf dem schmalen Grat zwischen Traum und Wirklichkeit. dtv 10895

Königlich bayerisches Sportbrevier
Rosendorfer beschreibt alle bayerischen Sportarten wie Fensterln, Maibaumkraxeln, Fingerhakeln, Maßkrugstemmen... dtv 10954

Die Frau seines Lebens
und andere Geschichten · dtv 10987

Ball bei Thod · Erzählungen
Der makabren Titelgeschichte folgen noch 37 weitere. dtv 11077

Vier Jahreszeiten im Yrwental
Vier Berichte
Vier Kinder erleben die Ereignisse zwischen Untergang des Hitlerreiches und Aufstieg der Demokratie mit, an die sie sich vierzig Jahre später erinnern.
dtv 11145

Eichkatzelried
Geschichten aus Kindheit und Jugend · dtv 11247

Das Messingherz
oder Die kurzen Beine der Wahrheit
Albin Kessel, Autor durchschnittlich-populärer Bücher wie »Die Friesen«, »Die Diabetiker« usw. wird eines Tages vom Bundesnachrichtendienst angeworben... Ein hintersinniger, heimtückischer Behördenroman. dtv 11292

Bayreuth für Anfänger
Ein liebenswert-frecher Führer durch die Festspielstadt. dtv 11386

Der Ruinenbaumeister
»Wer in einen Zug steigt, in dem sechshundert Nonnen eine Wallfahrt nach Lourdes antreten, ist froh, ein Abteil für sich allein zu finden.« ...auch wenn er darin plötzlich lauter groteske, komische, märchenhafte, erotische und turbulent-dramatische Abenteuer erlebt. dtv 11391

Heimito von Doderer im dtv

Die Strudlhofstiege
Der Amtsrat und frühere Major Melzer, bei dem »im Oberstübchen das Licht nicht gerade sehr hell brennt«, löst sich allmählich aus der Bequemlichkeit überkommener Institutionen und Gewohnheiten und findet zu eigenen Einsichten.
dtv 1254

Ein Mord den jeder begeht
Der Lebensroman eines jungen Mannes, der in den Wirren eines ungewöhnlichen Lebens schließlich zu sich selbst und zur Wahrheit findet. dtv 10083

Die Peinigung der Lederbeutelchen
und andere Erzählungen
dtv 10287

Die Dämonen
Im Wien der ausgehenden zwanziger Jahre werden Schicksale aus dem Großbürgertum und Adel, aus dem Arbeiter- und Intellektuellenmilieu zu einem schillernden gesellschaftlichen Gewebe verflochten. dtv 10476

Der Oger
und andere Kurzgeschichten
dtv 10615

Die Merowinger
oder Die totale Familie

Durch ein wohlüberlegtes System etwas ungewöhnlicher Heiraten und Adoptionen ist es dem mittelfränkischen Freiherrn Childerich von Bartenbruch gelungen, sein eigener Vater, Großvater, Schwiegervater und Schwiegersohn zu werden. dtv 11308

Die Wasserfälle von Slunj
Österreich um die Jahrhundertwende. Die Zeit fließt langsam dahin: Man macht Karriere, man findet eine Geliebte, man will die Risse und Hohlräume im Fundament dieser Gesellschaft nicht sehen, man geht an seiner eigenen Blindheit zugrunde…
dtv 11411 (Juni 1991)

Siegfried Lenz
im dtv

Der Mann im Strom
dtv 102 / dtv großdruck 2500

Brot und Spiele
dtv 233

Jäger des Spotts
dtv 276

Stadtgespräch · dtv 303

Das Feuerschiff
dtv 336

Es waren Habichte
in der Luft · dtv 542

Der Spielverderber
dtv 600

Haussuchung
Hörspiele · dtv 664

Beziehungen
dtv 800

Deutschstunde
dtv 944

Einstein überquert die
Elbe bei Hamburg
dtv 1381 / dtv großdruck 2576

Das Vorbild
dtv 1423

Der Geist der Mirabelle
Geschichten aus Bollerup
dtv 1445 / dtv großdruck 2571

Heimatmuseum
dtv 1704

Der Verlust
dtv 10364

Die Erzählungen
1949 – 1984
3 Bände in Kassette/dtv 10527

Über Phantasie
Gespräche
mit Heinrich Böll,
Günter Grass,
Walter Kempowski,
Pavel Kohout
Hrsg. v. Alfred Mensak
dtv 10529

Elfenbeinturm und
Barrikade
Erfahrungen am
Schreibtisch
dtv 10540

Zeit der Schuldlosen
und andere Stücke
dtv 10861

Exerzierplatz
dtv 10994

Ein Kriegsende
Erzählung
dtv 11175

Das serbische Mädchen
Erzählungen
dtv 11290